AF513985

MARCELO DUARTE

ESQUADRÃO CURIOSO
CAÇADORES DE FAKE NEWS

Baseado em fatos reais, mas nem por isso necessariamente verdadeiros.

ILUSTRAÇÃO: CACO BRESSANE

3ª impressão

PANDA BOOKS

Texto © Marcelo Duarte
Ilustrações © Caco Bressane

Diretor editorial
Marcelo Duarte

Diretora comercial
Patth Pachas

Diretora de projetos especiais
Tatiana Fulas

Coordenadora editorial
Vanessa Sayuri Sawada

Assistente editorial
Olívia Tavares

Assistente de criação
Beatriz Duarte

Diagramação
Vanessa Sayuri Sawada

Capa
Caco Bressane

Preparação
Melissa Rodriguez Leite

Revisão
Ana Maria Latgé

CIP-BRASIL. CATALOGAÇÃO NA PUBLICAÇÃO
SINDICATO NACIONAL DOS EDITORES DE LIVROS, RJ

Duarte, Marcelo
Esquadrão Curioso: Caçadores de *fake news* / Marcelo Duarte; ilustrações Caco Bressane. – 1. ed. – São Paulo: Panda Books, 2018. 112 pp. il.

ISBN: 978-85-7888-712-4

1. Ficção infantojuvenil brasileira. I. Bressane, Caco. II. Título.
Bibliotecária: Vanessa Mafra Xavier Salgado – CRB-7/6644

18-50942 CDD: 028.5
CDU: 087.5

2020
Todos os direitos reservados à Panda Books.
Um selo da Editora Original Ltda.
Rua Henrique Schaumann, 286, cj. 41
05413-010 – São Paulo – SP
Tel./Fax: (11) 3088-8444
edoriginal@pandabooks.com.br
www.pandabooks.com.br
Visite nosso Facebook, Instagram e Twitter.

Nenhuma parte desta publicação poderá ser reproduzida por qualquer meio ou forma sem a prévia autorização da Editora Original Ltda. A violação dos direitos autorais é crime estabelecido na Lei nº 9.610/98 e punido pelo artigo 184 do Código Penal.

A dúvida é o princípio da sabedoria.

Aristóteles – filósofo grego (384 a.C.-322 a.C.)

SUMÁRIO

JÁ TEMOS UM QUARTEL-GENERAL!

– Até parece mentira... – suspirou Isabela ao ligar o computador. – Nós conseguimos!

Uma semana antes, aquele lugar estava de pernas para o ar. Malcheiroso, sujo, atravancado. Nos últimos dias, porém, logo depois das aulas, ela, Leonardo e Pudim conseguiram organizar toda a bagunça, limparam a imundície e montaram um espaço aconchegante, com uma mesa de trabalho, pôsteres na parede e uma estante de ferro cheia de livros, brinquedos e penduricalhos coloridos.

Tiveram que organizar toda a tranqueira nos cantos da garagem. E não era pouca coisa: uma máquina de lavar roupas enferrujada, uma gaiola vazia, uma caixa de ferramentas, um relógio de parede com a propaganda de um supermercado, uma mesa de pebolim com dois jogadores a menos, uma árvore de Natal, uma antena de TV toda torta, um rádio antigo, uma caixa cheia de CDs, um aspirador de pó, latas de tinta da última reforma, uma coleção de revistas *O Cruzeiro* da década de 1950 e alguns gibis de faroeste. As únicas coisas novas (mas não tão novas assim) eram quatro bicicletas.

– Nosso quartel-general ficou muito legal! – festejou Isa. – Quem me ajuda, agora, a colocar a placa?

– Primeiro me diga onde vamos colocá-la – pediu Leo.

– Podemos tirar esse pôster do Zuba da parede, assim aproveitamos o mesmo prego – apontou Pudim. – Esse pôster é de quando o Dínamo foi campeão brasileiro pela última vez. Bons tempos aqueles...

Isa colocou a placa no lugar indicado e ficou feliz da vida com a sua própria criação. Estava escrito: “Esquadrão Curioso”. Os três haviam feito um trabalho sobre notícias falsas na escola e se encantaram tanto pelo projeto que resolveram levar adiante suas investigações. Criaram um blog e também páginas nas principais redes sociais para divulgar suas descobertas.

– Essa garagem é mesmo muito da hora – Isa estava encantada. – Seus pais não a usam mais? Tem certeza que não vamos atrapalhar, Pudim?

– Pode ficar tranquila! – respondeu o garoto. – Eles venderam o carro e agora só querem saber de andar de *bike*. A garagem, então, virou esse depósito de coisas velhas. Olha o que tem nessa caixa. São os cadernos que usei no primeiro ano...

A conversa foi interrompida por Leo, que tomou um susto ao entrar numa rede social e arregalou os olhos puxadinhos:

– Ei, ei, ei! Vejam isto aqui: um alienígena foi filmado entrando em um disco voador!

– Cara, é um óvni mesmo! – Pudim colocou as mãos no boné. – Onde foi isso?

– Tá escrito aqui que aconteceu na Romênia... – mostrou Leo. – Esse site está contando que a notícia foi divulgada por um deputado romeno. Ele publicou a imagem na rede social.

– Ah, então temos que compartilhar essa notícia o mais depressa possível... – apavorou-se Pudim. – Não vai demorar e esse disco voador pode passar por aqui também. *Danger, danger, danger!*

– Que história é essa de "*danger*"? – irritou-se Leo.

– Ué? É "perigo", em inglês! – respondeu Pudim.

– Isso eu sei – Leo continuou, bronqueado. – Quero saber o que deu em você pra começar a falar em inglês de repente!

– Tenho que treinar meu inglês, cara! Aliás, vocês dois deveriam fazer o mesmo. Não somos pesquisadores, agora? Tá assim de textos em inglês na internet sobre *fake news*. Até o nome desse bagulho que queremos combater é em inglês. Temos que estar afiados. Quero treinar o meu vocabulário ao máximo.

– Os extraterrestres não estão muito perto daqui – Isa voltou bruscamente ao assunto anterior. – A Romênia fica na Europa Central. É a terra do Conde Drácula.

– A essa altura, o Conde Drácula já deve ter sido abduzido – Pudim estava nervoso com a demora do colega. – Compartilha logo isso!

– Calma aí, Pudim! – Isa tirou o mouse da mão do amigo. – E se essa notícia for falsa?

Um ponto de interrogação saltou dos olhos de Pudim e ela indagou:

– Não foi para isso que criamos o Esquadrão Curioso?

* * *

A sirene disparou no esconderijo de Fake Nilson. Ele havia construído um luxuoso *bunker* no subsolo de uma antiga locadora de vídeos. A frente do lugar estava abandonada e, para disfarçar, ele tomou o cuidado de colocar uma placa de "aluga-se" com um número de telefone de uma imobiliária que não existia. O esconderijo tinha oito quartos, duas amplas salas, espaço para dez carros e uma piscina coberta. Tudo muito luxuoso, mas muito escuro.

Em uma das salas, ele criou uma central de monitoramento, com um telão de 65 polegadas que permitia saber o que seus agentes publicavam em tempo real. Era ali, também, que funcionava o localizador de "pessoas que duvidam de mim". Como o sistema funcionava? Se alguém entrasse na notícia e levasse mais de trinta segundos para compartilhar, o alarme era acionado. Naquele instante, um pontinho vermelho apareceu piscando no seu grande mapa virtual.

– Não acredito, não acredito! – vociferou ele, perdendo a concentração do quebra-cabeça que estava montando. – A sirene disparou de novo! Alguém, em algum lugar, está duvidando de uma das notícias falsas que criei.

Ele olhou para o painel, aproximou a imagem e descobriu que os inimigos moravam ao lado.

– Esses estão bem perto de mim... A menos de um quilômetro daqui. Fizeram *check-in* com o nome de... Esquadrão Curioso... Nome interessante. Deixe-me ver o perfil deles. Aqui diz que eles combatem... – fez uma pausa e deu um soco na mesa, fazendo algumas peças do quebra-cabeça caírem no chão – ... *fake news*!

Apanhou as peças que derrubou e continuou falando sozinho:

– Não serão páreos para mim! Sou Fake Nilson, o chefe da maior organização mentirosa do país. Tenho agentes espalhados por todas as partes do Brasil para disseminar notícias falsas. Como esses estão aqui pertinho, nem precisarei destacar um dos meus homens. Cuidarei deles pessoalmente. Acabar com o Esquadrão Curioso não tardará a acontecer. Ah, como eu gostaria de ter uma risada sinistra numa hora dessas...

* * *

Os três garotos de 11 anos assistiram ao vídeo de um minuto e 25 segundos com muita atenção. A qualidade das imagens era péssima. Nelas, o extraterrestre vem caminhando por um campo aberto, sozinho. Seus passos são largos e rápidos, e sua aparência lembra muito a dos ETs vistos em filmes de ficção científica: corpo fino, braços e pernas compridas, cabeça grande. O disco voador está flutuando, com a escada aberta na parte de baixo. A criatura sobe, a escada é recolhida e o disco voador parte, inicialmente em posição horizontal até atingir uma altura acima da copa das árvores. Aí, o voo passa a ser vertical, numa velocidade que o faz sair de quadro em poucos segundos.

– Olha só, Isa, quanta gente está falando desse disco voador. São 450 mil compartilhamentos! Impossível que ninguém tenha checado a informação antes. Só pode ser verdade.

Isabela Rodrigues era a mais fuçadora e desconfiada dos três. Gostava de escrever e dizia que seria roteirista de séries de TV no futuro. Ela ponderou com o dono da casa:

– É aí que está o perigo, Pudim. Todos podem ter pensado a mesma coisa. Só que, na maior parte das vezes, as pessoas compartilham uma informação mesmo sem conferir se ela é verdadeira ou não.

* * *

Fake Nilson andava de um lado para o outro, arquitetando um plano para visitar o Esquadrão Curioso.

– Quantos será que eles são? Uns cinquenta?!? Deve ser um escritório enorme... Preciso entrar com um disfarce para fazer um reconhecimento do local, verificar as instalações e descobrir o tamanho da equipe.

De repente, parou e teve uma ideia que achou mirabolante.

– Já sei o que vou fazer! Não é à toa que sou o rei

das notícias falsas! Criatividade não me falta. Já avisei para quem quisesse ouvir: todos irão pagar caro pelo mal que me fizeram um dia!

Fake Nilson apanhou uma mala de roupas velhas no Quarto de Disfarces, uma das salas de seu esconderijo, e fechou a porta. Estava com ar de quem aprontaria alguma coisa.

PIZZA VOADORA NÃO IDENTIFICADA

– Alguém está tocando a campainha, Pudim! – avisou Isa.

– O interfone fica ali do lado... – apontou ele.

– Você é o dono da casa. Melhor você atender... – rebateu ela.

Pudim atendeu o interfone. A câmera mostrou um entregador de pizzas com uma caixa redonda de papelão nas mãos.

– Entrega de pizza! – disse o homem.

– Pizza?!? Quem pediu pizza? – estranhou Leo.

Num movimento quase igual ao das coreografias de nado sincronizado, ele e Isa olharam para Pudim ao mesmo tempo.

– Dessa vez, juro que não fui eu... – Pudim juntou as duas mãos, como que pedindo para que acreditassem nele.

– Nós não pedimos pizza! – Leo foi até o interfone e avisou o entregador.

– Desculpe, desculpe, eu é que não expliquei direito. É uma promoção da pizzaria que acabamos de inaugurar aqui perto. Essa primeira pizza é totalmente grátis!

A palavra "grátis" soou como música aos ouvidos dos garotos, que estavam famintos depois de tanto trabalho na garagem.

– Ah, vamos deixar o cara entrar – pediu Pudim. – A gente não vai recusar uma pizza grátis, né? *I love pizza so much, understand?*

Pudim acionou o controle, e a porta da garagem se abriu. Fake Nilson estava disfarçado de entregador de pizzas. O garoto esticou os braços para apanhar a caixa. Esticou tanto que parecia até que eles eram feitos de borracha. Acontece que Fake Nilson tinha levantado a pizza a uma altura em que Pudim não conseguisse alcançar.

– Alto lá! – disparou o falso entregador. – O que você pensa que vai fazer?

– Ué... – Pudim abriu os braços. – Vou pegar a pizza. Ela não é nossa?

– Ainda não, garoto! Antes tenho que finalizá-la.

– Finalizá-la?!? – Isa também foi atraída pelo cheiro de muçarela e manjericão. – Nunca vi uma pizzaria entregar uma pizza que ainda não está pronta.

– Calma, mocinha! Nossa pizzaria quer oferecer o melhor para seus clientes. Pizzas *delivery* chegam

ESQUADRÃO CURIOSO
ESTE LADO PARA CIMA
POW

mornas em seus destinos. Por isso, eu venho até aqui para finalizar. Inclusive trouxe o forninho comigo. Vocês têm uma tomada aí?

– O que dizer dessa pizzaria que nem conheço, mas já considero pacas? – Leo abriu um sorriso, apontando para uma tomada ao lado da mesa em que estavam trabalhando.

– Ah, obrigado! – agradeceu Fake Nilson, tirando um forninho da bolsa térmica que trazia nas costas. – E onde estão os outros?

– Que outros? – estranhou Pudim. – Quanto menos gente, mais pedaços de pizza para cada um de nós.

– É que estou vendo esta placa aqui... “Esquadrão Curioso”. Em quantos vocês são?

– Somos nós três e já está bom demais! – disse Pudim.

– Só vocês três? – Fake Nilson fez tanto esforço para segurar a gargalhada que quase ficou sufocado. – Nenhum adulto?

– Meu pai e minha mãe estão lá em cima, mas eles não fazem parte do Esquadrão. Na verdade, eles só emprestaram esse canto da garagem.

– Entendi... E o que vocês fazem aqui?

– Já ouviu falar em *fake news*? – perguntou Leo.

– Claro! – concordou Fake Nilson. – Não se fala em outra coisa no mundo. Ouvi dizer que existe um cara genial, incrível e maravilhoso por trás delas.

– Se fosse tudo isso mesmo, ele não estaria espalhando notícias falsas – discordou Isa.

– Talvez ele tenha um bom motivo! – insistiu o entregador.

– Bom motivo? – ralhou Isa. – Não existe bom motivo. Nós criamos esse grupo para desvendar as notícias falsas que estão sendo publicadas na internet.

– Mas vocês são apenas três *pirra*... – pigarreou Fake Nilson a tempo de consertar a frase – ... três jovens destemidos. Vocês acham que vão conseguir detê-lo?

– Alguém precisa começar! – exclamou Leo.

Nesse momento, Manuela, irmã de Pudim, entrou na garagem. Distraída com o celular, ela demorou a perceber que havia um estranho dentro de casa.

– Que bagunça é essa aqui, Gabriel?

– Gabriel? Quem é Gabriel? – surpreendeu-se Leo.

– Gabriel é o meu nome. Ou você acha que meus pais me batizaram de Pudim? Pudim Pereira Peixoto, muito prazer!

Pudim era o mais desligado da turma. Seus cadernos não eram os mais organizados. Esquecia quase sempre material e roupas na escola. No Natal passado, sua mãe até mandou um presentinho para a moça que toma conta do Achados e Perdidos. A irmã tinha seis anos a mais que ele. Conviviam bem, apesar de estarem sempre se cutucando.

– Quem é esse sujeito? – Manu arregalou os olhos.

– Sou o entregador de pizzas...

– E o que um entregador de pizzas está fazendo aqui dentro? – Manu fuzilou os três garotos com o olhar. – Vocês ficaram loucos de deixar um estranho entrar?

– Estou apenas esquentando a pizza...

– E eu vou esquentar a sua cara se você não sair daqui imediatamente.

– Desculpe, Manu, você tem razão. É que estávamos concentrados demais nessa história do extraterrestre que foi visto entrando num disco voador na Romênia.

– Disco voador? Na Romênia? Gente, isso não existe.

– Você está enganada! – Fake Nilson reagiu. – Tenho parentes na Romênia e posso assegurar que um primo meu andou em uma nave dessas...

– A notícia já teve 20 milhões de visualizações... – anunciou Leo.

– Vinte milhões? – Fake Nilson bateu palmas para si mesmo. – Sou mesmo um gênio...

– O que você disse? – Pudim não entendeu o que estava acontecendo.

– Que tenho tanto medo de seres extraterrestres que preciso de oxigênio.

– Preciso ver esse vídeo – pediu Manu.

Isa estava pesquisando:

– Descobri que esse vídeo foi publicado em um canal sobre criaturas fantásticas. E não fala nada sobre a Romênia.

– Olha que montagem mais grosseira nessa parte em que a nave entra na floresta – apontou Manu.

– Grosseira nada! – Fake Nilson não conseguiu segurar a irritação. – O vídeo está bem-feitinho.

Ao completar a frase, Fake Nilson sentiu o queijo quente e muito molho de tomate atingindo em cheio a sua cara. Leo foi quem arremessou a pizza no entregador.

– Você tá doido, cara? – irritou-se Pudim. – Eu estava louco de vontade de comer a pizza...

– Esse cara é um impostor – apontou Leo, enquanto o vilão tentava limpar toda a meleca. – Procurei por informações de uma nova pizzaria aqui nas redondezas e não encontrei nada.

– Sério? Então temos que colocar esse cara pra fora agora mesmo ou os meus pais vão me dividir em oito fatias! – Pudim assobiou.

Um cachorro meio sonolento apareceu detrás de uma caixa de papelão cheia de brinquedos velhos.

Meme, o buldogue de Pudim, tinha uma cara feia e trazia nos dentes o pé de um chinelo feminino todo mordido.

– Pega ele, Meme! *Catch him* – ordenou em inglês, querendo que seu cachorro também virasse bilíngue.

O cão não parecia muito disposto a atacar ninguém, apesar de sua cara de mau, mas Fake Nilson achou melhor não arriscar. Apanhou suas coisas e tomou a direção da porta. Pudim seguiu atrás dele e ainda teve tempo de dizer:

– Ah, eu me esqueci de dar a sua gorjeta! – bateu com a mão na testa. – Você tem troco para uma nota de trinta reais?

– Uma nota de trinta reais?!? Essa nota só pode ser falsa...

– Então... – riu Pudim, apertando o botão que fechava a garagem novamente.

Isa deu um profundo suspiro ao ouvir a resposta de Pudim. Ficou com vontade de lhe dar um abraço descomunal por sua bravura.

– Temos que publicar imediatamente que a notícia do disco voador é falsa – Leo falou e dissipou o pensamento de Isa. – Precisamos alertar as pessoas.

– O que vamos colocar no texto? – quis saber Pudim.

– Foram duas lições bem simples e importantes:

analisar bem as imagens para ver se não é montagem e procurar sempre por fontes confiáveis – enumerou Isa.

– Será que todos vão entender o que é uma fonte confiável? – Leo ficou com a pulga atrás da orelha. – Podem pensar que é um bebedouro que tem água potável...

– Pelo menos na nossa turma todos sabem que fonte confiável é um jornal, uma emissora de TV, uma rádio, um grande portal da internet.

– Vou deixar o título assim: “Alien romeno é uma grande farsa” – leu Leo.

– Para mim está perfeito! – exclamou Isa, batendo palmas. – Pode publicar.

Manu não deu tanta importância assim ao feito. Estava saindo da garagem quando foi abraçada por Isabela:

– Por que você não vem fazer parte da nossa equipe, Manu?

– Não dá, estou estudando para o vestibular... – justificou ela. – Se eu não conseguir entrar dessa vez na faculdade, meu pai vai ter um troço. No ano passado, não tirei uma nota boa no Enem...

Ela pegou as apostilas antigas que estavam guardadas na garagem, deu um tchau geral e voltou para seu quarto.

– Que orgulho do nosso Esquadrão Curioso! – comemorou Leo. – Logo no dia da inauguração da nossa sede, fomos os primeiros a desmascarar uma notícia falsa.

* * *

Todo sujo, Fake Nilson dirigia a moto que havia alugado de volta para seu esconderijo. Tirou uma azeitona do cabelo e a atirou longe com um piparote:

– Pensam que me venceram? Nem deveria me importar com três criancinhas... Mas eles provocaram minha ira. Vou acabar com esse Esquadrão Curioso antes que eles consigam soletrar a palavra "admoestar".

Passou no sinal vermelho. Passou tão rápido que o frentista que trabalhava no posto de gasolina da esquina só teve tempo de ver as letras da placa: FKE.

– Coloquei uma câmera escondida ali dentro. Vou conseguir acompanhar todos os passos daqueles três. Eles irão cair na minha armadilha mais cedo ou mais tarde. Vou criar uma notícia falsa tão, tão, tão real que eles vão publicar como verdadeira. Aí a credibilidade dos bobalhõezinhos acabará na hora. Disso eu entendo!

CHAMADA NÃO ATENDIDA

No dia seguinte, os três aproveitaram o feriado de Tiradentes para se reunir novamente no quartel-general. Estavam eufóricos com a vitória da véspera. Comemoraram poder acordar tarde, mas lamentaram que a data nacional tivesse caído numa quarta-feira, dia em que não rola um feriado prolongado.

– Amanhã é o Dia do Descobrimento do Brasil – lembrou Leo. – Tinha que ser feriado também. Aí poderíamos emendar com a sexta.

Pudim tinha entrado em casa, a pedido da mãe, e voltou alguns minutos depois com um aparelho esquisito nas mãos. Leo tomou um susto:

– Que tijolo é esse?

– É o telefone celular do meu tio Ladislau – mostrou aos dois amigos – É um modelo bem antigo.

– Bota antigo nisso... – gargalhou Leo. – Vi um tiranossauro rex usando um desses!

Leonardo Hashimoto estava sempre com seu notebook cheio de adesivos para cima e para baixo. Era tão agitado que parecia estar sempre ligado numa tomada. Queria ser programador, como o pai. Era excelente aluno em matemática.

– Meu tio está aqui em casa – disse Pudim. – Aproveitou o feriado para vir nos visitar. Minha mãe diz que ele adora aparecer na casa dos outros na hora do almoço. Ele é campeão nisso. Quando tirou esse aparelho do bolso, eu não aguentei. Pedi emprestado para mostrar a vocês.

– Deve ser um dos mais antigos do mundo, não é? – Leo pegou o aparelho jurássico para vê-lo mais de perto.

– Não é, não! – Isa interrompeu a conversa. – Vejam essa notícia aqui que acabou de ser publicada: "Arqueólogos austríacos descobriram um telefone celular que teria sido usado na Babilônia há oitocentos anos".

– *Eight hundred years?!?* – perguntou Pudim.

– Ih, esqueceram de colocar as legendas no rodapé – cutucou Leo.

– Eu disse "oitocentos anos", em inglês... Tô vendo que serei obrigado a falar apenas em português com vocês. Tem a foto do celular aí?

– Tem, sim – Isa encheu a tela do computador com a imagem. – A foto é bombástica. Diz que está desse jeito porque foi retirado de uma escavação.

* * *

De seu esconderijo, Fake Nilson estava monitorando tudo o que acontecia no quartel-general do Esquadrão Curioso em seu telão, agora com imagens em alta definição captadas pela câmera escondida.

– Acho que eles vão morder a isca direitinho! – esfregou as mãos. – O fim desse trio será mais rápido do que eu imaginava. Caprichei muito nessa notícia.

– O senhor me chamou, mestre dos mestres? – perguntou um sujeito troncudinho, com roupa de mordomo, cabelo tigelinha, uma verruga na bochecha, dentes da frente encavalados e voz rouca.

– Não, Engodo, não chamei. Mas já que está aqui, o que você estava fazendo?

– Limpando aquela estante com a sua coleção de bonecos de Pinóquio – explicou. – São muitos. E eu tiro o pó de um por um. Mas eu posso interromper a limpeza para fazer qualquer outra coisa, mestre dos mestres.

– Engodo, por que você deu de ficar me chamando de "mestre dos mestres" agora? – irritou-se Fake Nilson.

– Porque o senhor me ordenou que fizesse isso.

– Ah, é verdade! Agora eu me lembrei. Então pode parar – e fazendo careta, repreendeu: – Esse "mestre dos mestres" está soando muito falso!

* * *

Pudim ainda estava intrigado com a descoberta. Na foto, uma mão vestindo uma luva branca segurava um aparelho que parecia mesmo um celular, só que amassado como se a roda de um caminhão tivesse passado por cima dele. As 12 teclas do aparelho traziam pictogramas da escrita cuneiforme, um dos mais antigos tipos de escrita conhecidos. Ele estava louco para espalhar a notícia, mas Isa pedia que ele esperasse um pouco.

– Como vamos checar essa informação, Isa? – intrigou-se Pudim. – Veja só: as pessoas já começaram a compartilhar...

– Pudim, você percebeu que na notícia não há nenhuma foto da equipe que encontrou o celular? – apontou Isabela. – Não dá o nome de ninguém, nem mesmo o do laboratório que o analisou. Não diz nem ao menos a data da descoberta.

– Tive uma ideia – pediu a palavra Leo. – Vou copiar a foto do celular babilônico e jogar no campo de pesquisa do Google. Com um clique, ele irá mostrar onde essa foto foi publicada antes.

Foi o que ele fez. A resposta veio imediatamente.

– Você matou a charada! – Isa aplaudiu. – Essa foto foi publicada em vários sites ingleses.

– O que está escrito aí? – Pudim pediu que ele continuasse lendo.

– Esse telefone é uma escultura que foi apresentada em uma exposição num museu de Londres. Foi feita por um estúdio de arte, que recebeu uma encomenda para exibir objetos atuais com cara de muito antigos...

– Detonou, cara! – comemorou Pudim. – Notícia falsa de novo!!!

– Totalmente falsa. Vamos escrever o texto rapidamente e avisar a nossa comunidade. Peça que todos espalhem o desmentido.

* * *

Fake Nilson observou todos os passos pela câmera escondida. E ficou fulo da vida com o raciocínio rápido dos três.

– Enganar adultos é muito mais fácil... – soltou faíscas pelos olhos e começou a falar sozinho. – Crianças são mais espertas, não caem em qualquer armadilha. Se eu não fizer algo agora, minha organização mentirosa terá vida curta. Não deixarei pirralhos frustrarem meus planos. Ainda mais considerando que as crianças ficam o dia inteiro penduradas em celulares, tablets e computadores. Na teoria, elas têm mais tempo para compartilhar minhas notícias falsas e preciso muito dessa mão de obra. Preciso me concentrar agora em como ludibriar meninos e meninas. Daqui em diante, eles serão meus principais alvos. Passaram dos limites. Agora a munição será pesada. Preparem-se para aguentar a ira de Fake Nilson. Engodo, Engodo!

– O senhor me chamou, soberano dos soberanos?

– Chamei, sim! Mas... que história é essa de "soberano dos soberanos"? Não pedi para você parar com isso?

– O senhor disse que eu não poderia usar o "mestre dos mestres". Por isso, resolvi dar uma inovada. Pensar fora da caixinha, entendeu? O senhor gostou? – perguntou o faz-tudo.

– Não! – disse Fake Nilson, com a força de um quilo de chumbo caindo na cabeça de Engodo. – Ficou horrível. Pare com os dois. Aliás, você não consegue parar um pouco de ser tão puxa-saco?

– Sim, consigo – pigarreou. – Em que lhe posso ser útil?

– Convoque para hoje mesmo, no final da tarde, uma reunião de emergência com a equipe que está montando a minha rede social. Quero todos aqui. Temos que acelerar isso!

A GUERRA DOS MUNDOS

Nenhum aluno da 161 reclamou do retorno à escola na quinta-feira. Ninguém gostava de perder as aulas de filosofia. O professor Franco era o preferido da turma e, nas últimas semanas, estava debatendo a questão da ética e as chamadas *fake news*, o que entusiasmava demais todos os estudantes.

O professor Franco explicou que o fenômeno de alardear notícias falsas não era algo tão novo assim:

– Um dos primeiros casos de notícia falsa da história aconteceu na noite de 30 de outubro de 1938, um domingo – começou a contar o professor para uma classe totalmente em transe. – Um cineasta americano chamado Orson Welles convenceu uma emissora de rádio a produzir um programa baseado num livro de ficção científica.

– Que livro? – perguntou Letícia, sentada na primeira fileira.

– *A guerra dos mundos*, de H. G. Wells. O livro foi escrito em 1898 – respondeu Franco. – Só que

Orson Welles convenceu a direção da rádio a não avisar aos ouvintes que se tratava de uma história fictícia. Queria que tudo parecesse real.

Ouviu alguns risinhos nervosos vindos das fileiras do fundo.

– No meio da programação, o locutor anunciou algo aterrador – continuou o professor. – Um meteoro gigantesco havia caído numa cidadezinha perto de Nova York. Em seguida, entrou no ar um repórter falando ao vivo que o número de mortos teria chegado a 15 mil. No meio da transmissão, o repórter foi morto por seres extraterrestres.

Os alunos da 161 estavam delirando com a história. Pudim cochichou no ouvido de Leonardo:

– Será que esses extraterrestres vieram da Romênia também?

Franco seguiu contando a confusão causada por *A guerra dos mundos*.

– A população entrou em pânico. Na cidade mais próxima ao local da suposta batalha, 50 mil pessoas fugiram de suas casas em busca de abrigos. Nem assim o diretor da emissora de rádio interrompeu a brincadeira.

– Mas como essa história terminou? – Antonio, garoto que liderava o time de futebol da classe e que se sentava ao lado de Pudim, não aguentava de ansiedade pelo desfecho. – Como é que as pessoas ficaram sabendo que a transmissão era falsa?

– A história só terminou quando os extraterrestres invadiram o estúdio e mataram também o locutor – nem o professor aguentou a bizarrice da cena e começou a rir. – Imaginem como o medo aumentou. Aí, o próprio locutor voltou ao microfone e disse: “Vocês acabaram de ouvir a primeira parte de uma irradiação de Orson Welles, que radiofonizou *A guerra dos mundos,* do famoso escritor inglês H. G. Wells. Boa noite!”.

A classe desmoronou numa sonora gargalhada. Era por essas e outras que as aulas de filosofia eram tão concorridas.

– Tem uma outra história que vocês vão adorar conhecer... – entusiasmou-se Franco. – Sabe aquele “uai” que os mineiros falam no final das frases?

Os alunos riram porque o professor Franco pronunciou o “uai” de um jeito engraçado. Ele continuou a explicação:

– Se vocês procurarem na internet, vão encontrar que “uai” foi uma espécie de senha que surgiu na época da Inconfidência Mineira e que queria dizer “União Astutos da Inconfidência”. Vocês já estudaram Inconfidência Mineira, não é?

Todos sacudiram a cabeça afirmativamente.

– Precisamos criar uma senha para o Esquadrão Curioso também – cochichou Pudim para Isa.

– Para parecer uma fonte confiável, essa história teria sido descoberta por uma pesquisadora contratada pelo ex-presidente Juscelino Kubitschek, também mineiro, e teria sido publicada pelo jornal *Correio Braziliense*. Mentira total. A pesquisadora não existia e nenhuma reportagem tinha sido publicada sobre isso no jornal.

– E ficamos sem saber o que significa “uai”?

– Segundo os pesquisadores, “uai” é uma corruptela de “olha aí”.

– Ah, desculpe a sinceridade, professor. Mas a explicação do boato é bem mais legal que a versão verdadeira... – disparou Antonio outra vez.

– É verdade! Por isso mesmo esses boatos são compartilhados seis vezes mais depressa que uma notícia verdadeira – explicou Franco. – Eles chamam muito mais a atenção do que a verdade. Esse é o segredo das notícias falsas.

DÉBORA NOTA 10

Depois daquela aula inspiradora, a turma do Esquadrão Curioso se reuniu no final da tarde para mais uma sessão de trabalho. Os três ficavam navegando por sites, blogs e redes sociais que eles já sabiam gostar de disseminar notícias falsas.

– Acho que tenho aqui mais um caso solucionado! – Isa ergueu as mãos como se levantasse um troféu de campeão.

Ela estava se referindo a um vídeo que mostrava uma moça caindo na lava de um vulcão. Eles sentiram um choque na primeira vez em que assistiram ao acidente. Mas não encontraram nenhuma notícia sobre o fato. Isa teve uma ideia bastante simples: colocou o vídeo em preto e branco e percebeu que a lava não era lava. Era o movimento das águas do mar. Alguém tinha pintado o mar de vermelho, amarelo e laranja para parecer lava. Um truque muito simples, mas também muito eficiente.

– Sabem o que eu estava pensando aqui? Vamos precisar de reforço para o nosso esquadrão, não acham? – perguntou ela. – É muita notícia falsa sendo publicada todo dia. E a gente tem lição de casa pra caramba. Quero só ver na semana de provas...

– Podemos chamar o Fred... – disse Leo, que estava tentando se afastar das mordidelas de Meme em seu tênis novo. – Ele é um cara bem curioso. Tanto que vive xeretando a mochila de todo mundo.

– Opa, opa, opa! – franziu a testa Isa. – Outro menino, não. Nós vamos chamar uma garota, isso sim! Igualdade de direitos. Dois meninos e duas meninas, entenderam?

Isa apontou para a camiseta que ela vestia: "Juntas somos mais fortes". Ela tinha várias daquelas com frases inspiradoras e essa era justamente uma de suas preferidas.

– É isso mesmo! – concordou Pudim. – Igualdade de direitos. Sou totalmente a favor. Por exemplo: a Isa comandou aquela treta para acabar com a bobagem de a escola não oferecer aulas de futebol para as meninas.

– Não adianta só apoiar a causa, Pudim! Quero saber se você se oferece também para dividir os afazeres domésticos ou se deita no sofá e deixa tudo para sua mãe e para a Manu, hein?

Pudim ficou meio atrapalhado, tentou escapar pela tangente e se enrolou inteiro. Antes que a pergunta fosse dirigida também a ele, Leo tratou de voltar ao início da conversa:

– E você, já tem um nome para chamarmos?

– Sim, tenho! – respondeu ela, rapidamente.

– A Alyssa? – arriscou Pudim.

– Não. A Alyssa está muito envolvida com o pessoal do time de futebol. Ela não teria tempo.

– Então em quem você pensou? – quis saber Leo.

– Pensei na Débora!

– A Débora Nota 10? – quis ter certeza Pudim, mesmo sabendo que só havia uma Débora na classe deles. Ela ganhou o apelido por nunca ter tirado – pelo menos nenhum deles se lembrava – uma nota menor que 10. Chegaram a fazer um bolão para tentar adivinhar quando ela tiraria uma nota mais baixa.

– Ela mesma – concordou Isa. – A Débora é um crânio. Imaginaram trazer toda aquela inteligência aqui, para o nosso lado?

– Melhor ainda se ela trouxer a lição de casa dela pra gente copiar... – emendou Pudim.

– Quanta graça! – Isa fez uma cara de desaprovação. – O que vocês acham?

– Você acha que ela topa? – Leo estava em dúvida. Afinal, ela teria que dedicar um tempo ao grupo e a impressão que ele tinha é que Débora Nota 10 passava o dia inteiro estudando.

– Engano seu! – rebateu Isa. – Ela termina a lição muito rápido e depois fica lendo livros ou navegando pela internet como qualquer um de nós.

– Se ela é gente como a gente, eu aceito! – Pudim concordou com a escolha.

– Já fiz trabalhos de escola na casa dela – disse a garota, ajeitando os óculos. – Ela é muito rápida e sabe fazer pesquisas como poucos. Vai nos ajudar bastante.

PRIMEIRO DE ABRIL

Fake Nilson tinha o hábito de assistir aos principais noticiários enquanto tomava o café todas as manhãs. A mesa estava cheia do que ele apelidou de *fake food*. Para começar, ele se deliciava com os rótulos. O iogurte não era iogurte, era bebida láctea. O requeijão não era requeijão, tinha a pomposa alcunha de "especialidade láctea à base de requeijão". O suco não tinha fruta, só água, muito açúcar, corantes, sabores e aromas artificiais e ácidos com nomes esquisitos. Também gostava de ler linha por linha dos jornais para se inspirar na criação de futuras notícias falsas e para verificar se algum jornalista tinha caído em alguma de suas armadilhas.

– Nada de novo... – resmungou baixinho. – Esses jornais nunca caem nas notícias que invento. Por isso é que gosto mais das redes sociais. Aí é uma festa!

Engodo entrou na copa com um envelope branco em cima de uma bandeja.

– Bom dia, senhor! Espero que tenha tido uma ótima noite de sono.

– Bom dia, Engodo. O que temos aí nesse envelope?

– Aquele falsário que trabalha para o senhor acabou de deixá-lo aqui. Ele conseguiu mudar seus documentos...

Fake Nilson abriu um sorriso de felicidade. Apanhou o envelope e o abriu com a mesma faca que tinha usado para passar geleia de damasco na fatia de pão. Tirou lá de dentro uma carteira de identidade e um passaporte.

– Que perfeito! – vibrou. – Ele conseguiu mudar a data do meu nascimento. Agora eu posso provar que nasci no dia 1º de abril...

– Até agora não entendi o que o senhor tinha contra 2 de janeiro – sacudiu a cabeça Engodo. – Gostava tanto quando o senhor era capricorniano...

* * *

Pudim aproveitou a manhã de sábado para cortar o cabelo. Pediu que o cabeleireiro desenhasse um raio numa das laterais. Também ficou navegando por um site que ensinava russo. O garoto percebeu que sites da Rússia eram grandes produtores e disseminadores de notícias falsas. Seria bom conhecer um pouco da língua. Depois estudaria chinês. Queria se tornar um poliglota, conhecer pelo menos cinquenta línguas diferentes.

No fim de semana, o grupo dava folga para as pesquisas do Esquadrão Curioso. Agora Pudim estava tentando fazer uma *selfie* com a novidade capilar para colocar em seus perfis nas redes sociais, mas não acertava o enquadramento. Todas as fotos saíram horríveis.

– Que porcaria! – irritou-se. – Não vou conseguir publicar isso.

Deu um berro de irritação que ecoou por toda a casa. Manu entrou correndo no quarto dele, achando que o irmão estava passando por algum perigo.

– O que foi, Gabriel? – disse esbaforida.

– Que bom que você apareceu... – se limitou a dizer.

– O que aconteceu? O que foi?

– Não estou conseguindo uma boa *selfie* minha. Você, que é uma especialista em *selfies*, pode me dar uma dica de um bom enquadramento?

Manu ficou irritada com o susto que levou, virou as costas e foi embora bufando. Pudim ficou sem a dica. Resolveu publicar uma das menos piores. Ao entrar na internet, porém, nem teve tempo de postar nada.

– Olha só essa foto aqui! Caramba! Preciso chamar a Isa e o Leo imediatamente! Eles terão que vir para cá. Vamos ter que fazer uma reunião de emergência.

* * *

A foto era impressionante. Mostrava o copiloto de um gigantesco avião azul com o braço para fora da janela da cabine de comando. Ele estava se fotografando com um pau de *selfie* em pleno voo, com as nuvens ao fundo.

– Temos que pesquisar isso agora mesmo! – mostrou Pudim.

Mal começaram o trabalho e a campainha tocou. Eles olharam pelo interfone e viram um senhor com uma caixa coberta por um pano preto.

– Pois não? – atendeu Pudim. – Em que posso ajudá-lo?

– Trabalho para o jornal aqui do bairro e ficamos sabendo que vocês são caçadores de notícias falsas. Gostaria de fazer uma foto para colocar em nossa próxima edição.

– Já estamos famosos no bairro, gente! – comemorou Pudim, abrindo sem pestanejar a porta da

garagem para a entrada do fotógrafo.

O fotógrafo entrou com toda a sua tralha. Ao saudar o visitante, nenhum deles percebeu que ali estava Fake Nilson com mais um de seus disfarces.

– Vai tirar a foto com o celular? – perguntou Isa.

– Não, não gosto dessas modernidades. Sou um fotógrafo à moda antiga. As pessoas me chamam de "fotógrafo lambe-lambe". Essa caixa aqui é a minha câmera fotográfica.

– Já vi uma dessas num filme... – comentou Leo. – Você enfia a cabeça dentro desse pano, não é?

– Exatamente.

– Você vai dizer "olha o passarinho" na hora de bater a foto? – quis confirmar Pudim. – Os americanos dizem: "*Say cheese!*".

– Quem? – perguntou Leo.

– Os americanos! – disse novamente Pudim.

– Não. Quem... te perguntou? – Leo gargalhou.

O fotógrafo também deu uma risadinha amarela. Em pensamento, ele disse para si mesmo: "Não. Vou dizer: 'Olha a explosãozinha!'". Ele tinha colocado pólvora dentro da câmera com o intuito de explodir a garagem. Tudo foi calculado para dar tempo de ele sair e tirar as crianças lá de dentro antes da explosão. Não sobraria nada dentro da garagem. Adeus, Esquadrão Curioso!

– Só falta aquele menino sair ali do computador para fazermos a foto dos três. Quero que vocês fiquem bem perto da porta.

Leo estava fazendo uma pesquisa e, de repente, deu um salto da cadeira.

– Pesquisei se era possível abrir a janela de um avião em pleno voo... – disse ele.

– E o que você descobriu? – interessou-se Isa.

– Como o copiloto conseguiria segurar um pau de *selfie* com o avião voando a novecentos quilômetros por hora? – explicou Leo. – Viajar com a janela aberta também seria impossível.

– Era só o piloto prender a respiração antes de abrir a janelinha – interferiu o fotógrafo, tentando confundir o menino.

– Isso aqui é uma montagem – deduziu Isa. – Ele tirou a foto em solo, antes de decolar, e depois alguém recortou a imagem, tirou o fundo e aplicou as nuvens atrás.

– Minha cabeça está nas nuvens ou eu conheço você de algum lugar? – Leo olhou bem nos olhos do visitante.

– Eu fotografei a festa da padroeira da igreja do bairro na semana passada. Você estava lá?

– Ele vai tirar a nossa foto para o jornal do bairro – informou Pudim.

– O nosso bairro não tem jornal há um ano e meio, cara!

– Como você sabe disso? – estranhou Pudim.

– O meu pai fazia anúncios da nossa loja de sucos no jornal do bairro e eu lembro que ele contou isso no jantar. Aliás, eu sei de onde conheço você...

Leo deu dois passos à frente e arrancou a peruca branca do fotógrafo. Os óculos caíram também.

– Você não é o entregador de pizzas? – reconheceu Pudim.

– Ele mesmo! – concordou Isa.

– Afinal de contas, quem é você? – enfureceu-se Leo.

– Sou Fake Nilson, o rei das notícias falsas – o homem revelou-se, tirando a máscara de látex. – Muito prazer!

Os corações dos três batiam acelerados. Estavam com uma terrível sensação de frio na barriga. Apesar de intimidados, os garotos resolveram encarar a figura maléfica ali diante deles. Isa foi a primeira:

– Então você é quem está por trás de todas essas mentiras?

– Eu mesmo. E não estou gostando nadica desse trabalho que vocês estão fazendo. Acho que está na hora de pararem ou...

– Ou o quê? – desafiou Pudim, como se tivesse acabado de vestir uma armadura para encarar o inimigo. – Acho que está na hora de você parar de inventar essas notícias falsas. *Stop now*, entendeu? Você não tem vergonha na cara?

Pudim deu um assobio e Meme entrou na garagem, com a mesma cara de poucos amigos, dessa vez com uma chuteira velha na boca.

– Esse cachorro de novo? Não, não, não! – berrou o vilão.

Foi como se foguetes propulsores aparecessem nos pés de Fake Nilson, que saiu em disparada. No entanto, o vilão deixou para trás sua câmera fotográfica.

– Acho que saímos bem na foto mais uma vez! – Isa deu uma piscadinha.

Os três ergueram as mãos e as bateram no ar, como se fossem mosqueteiros comemorando com suas armas invisíveis. Isa e Leo guardaram os computadores em suas mochilas e se despediram. Era hora de ir embora. Pudim resolveu acompanhá-los até a porta. Foi a sorte. A bomba que estava guardada na câmera fotográfica foi detonada por Fake Nilson à distância. Ela explodiu quando os garotos estavam do lado de fora. O canto da garagem onde eles instalaram a mesa do Esquadrão Curioso estava reduzido a cinzas.

RETRATO DE UM VILÃO

No domingo, o professor Franco aceitou receber Isa, Leo e Pudim em sua casa. Ele percebeu que os três estavam muito nervosos e achou prudente não esperar pela segunda-feira. Pudim contou em detalhes tudo o que havia acontecido no dia anterior e explicou que tinham ficado frente a frente com Fake Nilson.

– Verdade isso? – espantou-se Franco. – Esse Fake Nilson é considerado atualmente o maior divulgador de notícias falsas do país. Mas sabe-se pouquíssimo sobre ele. Conheço gente que até duvida da existência dele, acham que várias pessoas atribuem suas postagens ao tal de Fake Nilson para criar uma lenda urbana.

– Ele invadiu o nosso quartel-general duas vezes – relatou Isa, guardando ainda a imagem daquele homem horrível dentro de sua mente. – Ficou tentando nos convencer de que as notícias que ele cria são verdadeiras. Nas duas vezes em que o vimos, ele estava disfarçado.

– Qual é a idade dele? – Franco estava curioso.

– Parece ter uns trinta anos – disse Isa. – Tem um cavanhaque engraçado, igual ao de um faraó do Egito. Ele é magro como uma vareta. Cabelo comprido e com jeito de ensebado, sabe?

– Parece que xampu não passa por ali há bastante tempo – riu Pudim.

– A voz dele é bem grossa, não combina com seu tipo físico – acrescentou Leo. – Parece que engoliu uma caixa de som.

– Por que será que ele está perseguindo vocês? – o professor parecia intrigado.

– Talvez porque estamos desmascarando muito rápido as notícias falsas que ele criou – Isa disse o que parecia ser óbvio.

– Mas existem outros sites que fazem isso – ponderou Franco. – Existem sites até de grandes empresas jornalísticas. Por que ele tentaria explodir uma garagem com três adolescentes? Que perigo, que ameaça ele enxerga em vocês?

* * *

O acontecimento chegou rápido à redação do *Diário de Notícias*, o jornal de maior circulação na cidade.

– Tentativa de explosão numa garagem com três adolescentes dentro – Maiara Alves, chefe de reportagem do periódico, repetiu o que a repórter Cássia Helena acabara de lhe relatar. – Vamos para lá imediatamente! Já há algum suspeito?

– O que eu apurei é que o sujeito se apresentou como Fake Nilson, o rei das notícias falsas.

– Fake Nilson?!? – Maiara ficou ainda mais interessada na história. – Sabe qual foi a motivação do atentado?

– Falei agora há pouco com o delegado Gilmar Lopes, responsável pelo caso, e ele disse que os meninos criaram um site para desvendar *fake news* e isso teria irritado o tal Fake Nilson.

– Que história, que história! – vibrou Maiara. – Quem deu queixa?

– Os pais de um dos meninos – respondeu a repórter. – A garagem é da casa de um deles.

– Você vai conversar com os meninos e com os pais. Vou mandar um repórter também para a delegacia. Essa história deve ser o grande assunto do dia. Pode render a nossa manchete principal.

* * *

DIÁRIO DE NOTÍCIAS

– O senhor não acha que exagerou um pouco? – Engodo usava lencinhos umedecidos para tirar o suor do rosto do patrão.

– Exagerei por quê? – Fake Nilson não entendeu a pergunta.

– Tentar explodir uma garagem com três adolescentes dentro não combina nem com o pior dos vilões... – reprovou Engodo.

– Minha intenção era só destruir o quartel-general, nada mais – justificou Fake Nilson. – E eles ainda colocaram aquele cão pulguento atrás de mim. Você sabe que eu não gosto de cães, não sabe?

– Mas o tiro saiu pela culatra, senhor!

– Como assim, Engodo?

– A notícia da tentativa de atentado se espalhou pelo mundo inteiro. A página deles tinha míseras cem curtidas. Estava restrita ao universo escolar e olhe lá. Agora tem 2 milhões de seguidores. São um fenômeno. Eles ficaram famosos da noite para o dia. Estão na manchete principal até do portal Planeta On-line...

– Você deve estar mentindo para mim... – Fake Nilson estava incrédulo.

– Não, não, não. Quem faz isso o tempo todo aqui é o senhor.

– Só sei que isso tudo está me deixando muito

estressado – ralhou ele. – Quando tudo isso terminar, Engodo, irei tirar férias.

– Boa ideia, senhor! Assim, eu tiro também e... Ou melhor, quer dizer, hummm, já teria algum roteiro em mente?

– Vou para a Escócia! – respondeu Fake Nilson.

– Ah, a Escócia! A terra em que os homens andam de saia xadrez.

– Na verdade, a "terra do monstro do lago Ness" – corrigiu Fake Nilson.

– Lago Ness? Monstro? Não quero estragar suas férias, mas o senhor sabe que esse tal bicho é uma lenda. Ele não existe...

– Com as notícias que enviarei de lá, ele existirá. Irei até dar uma incrementada na lenda. Na minha versão, Nessie será um monstro gigante que irá sofrer uma mutação genética e invadirá a capital Glasgow e, depois, seguirá em direção a Londres.

– Será que cola? – Engodo duvidava disso. – Muita gente sabe que esse monstro é uma invenção. É só dar um Google e pronto.

– E desde quando as pessoas pesquisam para ver se a notícia é verdadeira ou falsa, Engodo? No fundo, as pessoas gostam dessas histórias bizarras que têm toda a cara de ficção.

– O senhor está certo, como sempre... Tem gente

que ainda coloca na legenda: "Pelo sim, pelo não, resolvi compartilhar"... Chegam a ser cômicos!

– É isso mesmo! – Fake Nilson também começou a rir. – Você verá quantos *likes* eu irei conseguir com o monstro do lago Ness. Mesmo de férias...

A CAPA DA INVISIBILIDADE

Sensibilizada pelo que tinha acontecido, a diretoria do Pedro Álvares Cabral ofereceu uma sala para o grupo instalar provisoriamente o quartel-general do Esquadrão Curioso. A sala tinha muitas mesas, cadeiras e computadores. Na segunda-feira, depois da aula, os três foram conhecer o novo espaço.

– Está tudo bem na sua casa? – perguntou Isabela.

– O pessoal da seguradora foi fazer a perícia lá hoje – explicou Pudim. – Deu perda total no nosso equipamento. Até a placa do Esquadrão Curioso ficou chamuscada. Teremos que fazer outro.

– Deve ser bem legal morar numa casa, né? – disse ela, tentando mudar o foco da conversa para animar o amigo. – A minha mãe está louca de vontade de sair do apartamento em que moramos hoje.

– É bem sinistro, sim! – concordou Pudim. – Ela quer mais espaço?

– Na verdade, ela tem uma bronca danada da vizinha de cima, que ouve os discos do Raul Seixas o dia inteiro. Pior do que as músicas é o desgraçado do papagaio, que fica falando – e ela imitou o papagaio nesse trechinho – "Toca, Raul! Toca, Raul!" o tempo todo. Por isso, minha mãe colocou na cabeça que quer morar num lugar que não tenha vizinhos em cima. Ou numa casa ou na cobertura. Acho que está mais para a casa...

Os dois estavam rindo da situação quando Leo entrou na sala com toda a irritação do mundo:

– Quero sumir!

– O que aconteceu, cara? – perguntou Pudim.

– Fui mal na prova de produção de texto... – resmungou. – Meus pais querem confiscar meu celular por uma semana por causa disso. Uma semana sem celular?!? Disseram que eu não estou focado nos estudos. Eles não entendem que sou um cara de exatas, e não de humanas. Quem está interessado nas *Memórias póstumas de Brás Cubas*? Se o cara morreu, morreu e pronto.

– É, ele virou um fantasma! – riu Pudim.

Isabela, que tinha acabado de entrar na internet, chamou a atenção dos dois:

– Vocês falaram em sumir, não foi?

– E eu achei que ela não estivesse nem aí para a nossa conversa – cutucou Leo.

– Vejam a notícia que acabei de encontrar: "Chinês cria capa de invisibilidade". Diz aqui que ele é um cientista da Universidade de Zhejiang. Tem até um vídeo com a demonstração.

Nas imagens, um homem estava na frente de vários arbustos. Ao cobrir-se com a tal capa, ele simplesmente desaparecia. Só dava para ver a vegetação.

– Caramba! – Leo voltou o vídeo para ver novamente. – Essa cena é arrepiante. Ele sumiu mesmo. Eu precisava de uma dessas capas. Ah, deixa eu ver primeiro se essa universidade existe... Já aproveito para ver se tem para vender!

De repente, eles ouviram três batidinhas na porta aberta da sala. Havia uma mulher com vestido florido, bolsa a tiracolo e sapatos vermelhos de salto alto que a deixavam gigante.

– Com licença, meninos e menina! – disse ela.

– Quem é você? – perguntou Pudim. – Você trabalha aqui na escola?

– Sim, sim! – respondeu a mulher, que tinha uma voz um tanto esquisita. – Meu nome é Andreza, sou a nova nutricionista da escola. Estou aqui a pedido do diretor. Precisamos da ajuda de vocês.

– Que tipo de ajuda? – perguntou Leo.

– Queremos colocar o revolucionário leite de alpiste à venda na cantina. Hoje vocês são ídolos na escola. Por isso, gostaríamos que vocês fizessem um *post* contando essa grande descoberta e seus valores nutricionais.

– Leite de alpiste? – Pudim achou graça. – Nós não temos passarinhos em casa.

– Não é para passarinhos, meu jovem – retrucou ela. – Está provado cientificamente que o leite de alpiste previne diabetes e cura inúmeras outras doenças. É só compartilhar a notícia que saiu nesse site aqui. Totalmente confiável.

A mulher tirou um recorte de jornal da bolsa e colocou diante deles para que pudessem ler. Ela continuou:

– Tenho aqui um artigo de cientistas da Universidade Nacional Autônoma Mariachi, da Cidade do México, que atesta isso.

– A coisa é séria, então... – Pudim engoliu em seco.

A mulher até começou a usar termos de difícil entendimento:

– Depois de muitas experiências, os cientistas descobriram que o alpiste possui uma proteína incrivelmente poderosa, cujos aminoácidos estáveis induzem uma maior eficiência alimentícia no organismo.

– Tô precisando tomar esse leite de alpiste... – disse Pudim. – Temos que ajudar a escola! Afinal, eles estão nos emprestando esta sala.

Pudim sacou o celular, encontrou o site que a nutricionista indicara e apertou o botão de compartilhar em nome do Esquadrão Curioso. A mulher deu um pulo de alegria tão alto que fez a peruca cair. Sem a cobertura capilar, os três perceberam que estavam diante novamente do diabólico Fake Nilson.

– Caíram feito patinhos... – vibrou ele. – Enganei vocês, detetives de araque. Agora a fama do Esquadrão Curioso irá escorrer pelo ralo.

– Então, o leite de alpiste é uma mentira? – os lábios de Pudim começaram a tremer.

– Exatamente! – afirmou Fake Nilson. – Fui eu quem inventou essa história. Sabia que, mais cedo ou mais tarde, vocês cairiam numa de minhas armadilhas.

– Eu sou mesmo um completo idiota – choramingou Pudim.

– Não é, não, Pudim! – Leo saiu em defesa do amigo. – É só a gente apagar e se desculpar com nossos seguidores. Ninguém é um completo idiota por compartilhar uma notícia falsa sem querer.

Isa foi em direção ao vilão, toda feliz:

– Não se deve cantar vitória antes da hora, senhor Fake Nilson...

– Como assim? – perguntou ele.

– Ora, vocês não perceberam como o *wi-fi* da escola é lento? – explicou Isa. – Dê uma olhada no seu celular, Pudim. Ele ainda está carregando. A notícia não foi publicada.

– Não foi mesmo... – comemorou Pudim.

– Cancele isso agora e pronto – ordenou Isa. – Devíamos ter percebido que essa tal de Universidade Nacional Autônoma Mariachi, do México, não existe.

– Claro que existe! – retrucou Fake Nilson. – O professor... o professor Girafales – foi o único nome mexicano de que ele se lembrou na hora – dá aula lá...

– Notícias falsas costumam usar nomes de escolas, faculdades, professores e cientistas que não existem – lembrou Isabela.

– Mas o professor Girafales existe! – ponderou Pudim.

– O leite de alpiste azedou – foi a vez de Leo soltar o verbo. – Agora você terá que cantar em outra freguesia.

– Só sei que eu deveria ter colocado mais pólvora naquela câmera... – lamentou ele. – Dessa vez foi por pouco. Vocês ganharam mais uma batalha, mas não a guerra.

Deu as costas e foi embora, arremessando os sapatos de salto alto longe.

– O cara é muito ousado – apavorou-se Isa. – Veio nos atacar até mesmo dentro da escola. Ele é capaz de tudo.

– Se ele deseja sumir de verdade, podemos lhe

oferecer a capa de invisibilidade chinesa – Leo tentou desanuviar o ambiente.

– Não podemos, não – Isabela mexeu a cabeça de um lado para o outro.

– Por quê? Não está à venda ainda? – perguntou Leo.

– Não está e nem estará – Isa jogou um balde de água fria no entusiasmo do amigo. – É uma mentira. Não existe nenhuma capa de invisibilidade.

– Mas eu vi que a Universidade de Zhejiang existe – estranhou Leo.

– Existe mesmo! – concordou Isa. – Mas a universidade não está fazendo nenhum tipo de pesquisa sobre capas de invisibilidade. E, se isso fosse verdade, vocês não acham que essa invenção estaria nos portais dos maiores jornais do mundo inteiro?

– Tem razão! – consentiu Leo. – Quem não gostaria de ter uma capa de invisibilidade?

– Foi só um truque de edição de vídeo chamado *chroma key* – descobriu Isabela. – É aquele que usa um pano ou um fundo verde para projetar imagens por cima. A tal capa de invisibilidade nada mais é que um pano desses.

– Mas eu ainda acho que dá para fazer uma capa de invisibilidade, sim.

Leo e Isa ouviram a voz de Pudim logo atrás deles, mas não o estavam vendo. Começaram a olhar para os lados.

– Cadê você, Pudim? – perguntou Isa.

– Atrás de vocês – respondeu ele. – Mas os dois não poderão me ver porque estou invisível neste momento.

– Para com essa brincadeira, cara! – pediu Leo. – Volta a aparecer!

Pudim caiu na gargalhada. Estava embaixo da mesa, bem ao lado deles.

A NOVA REDE SOCIAL

Naquela noite, Manu passou pela cozinha para pegar um copo de leite. Pretendia continuar estudando até bem tarde. Viu que a mãe havia deixado um bilhete no meio de tantos imãs: "Queridos, fiz pudim!". Manu abriu a geladeira, viu o pudim intacto e fechou a porta sem se servir. Deu uma risadinha. Pudim era o único doce que a mãe sabia fazer. Ela já tinha tentado de tudo: bolos, mousses, pavês, quindins, tortas, *strudels*... Nada ficava bom. Até uma reles gelatina ficava molenga. Tanto que ela desistiu de testes e focou nos pudins de leite condensado.

Os pudins da mãe eram realmente gostosos. Tão concorridos na família que a primeira palavra que Gabriel aprendeu a falar, antes mesmo de "papai", "mamãe", "Manu", "vovô" ou "vovó", foi... "pudim". O correto seria dizer que a primeira palavra que ele falou foi "dudim". Gabriel fazia todos se derreterem balbuciando a tal palavra com suas bochechas fofas, por isso não demorou a ganhar o apelido de Pudim. E assim ficou, embora o próprio Pudim tenha ficado enjoado de tanto comer os pudins que a mãe fazia. Não só ele. Pudim e Manu nem podiam ver um pudim pela frente.

– Vai querer pudim, Gabriel? – provocou Manu quando o irmão também entrou na cozinha.

– Por quê? O que eu fiz de errado? – brincou ele.

– A mamãe deixou um recado na porta da geladeira... – apontou Manu.

– Deixa aí! – desdenhou o menino. – Amanhã, no almoço, o papai come. Aliás, ele é o único que ainda aguenta o pudim que a mamãe faz. Nem o Meme quer saber de pudim. Ele sai correndo quando eu ofereço.

– Posso saber aonde você está indo tão bem-arrumado? – Manu demorou a reparar que o irmão estava de calça jeans, sapatênis e até uma camisa que ele havia usado apenas na primeira comunhão.

– *No one told you?* – Pudim resolveu praticar de novo seu inglês.

– Onde aperta a tecla SAP, posso saber? – Manu estava achando um pouco chata essa mania do irmão ficar soltando palavras em inglês no meio da conversa.

– Tá bom, tá bom, monoglota! Ninguém te contou? Eu, a Isa e o Leo vamos ser entrevistados hoje no programa do Serginho Carlos.

– Serginho Carlos, que máximo! – vibrou ela. –

Aposto que ele vai zoar com a sua cara e perguntar se o seu apelido é Pudim porque você é meio molenga...

* * *

Diante do aparelho de TV, Fake Nilson amaldiçoava cada pixel da tela.

– Não acredito! – teve um ataque de cólera. – Eu é que deveria estar lá, sendo entrevistado pelo Serginho Carlos. Eu é que sou uma celebridade, o rei das notícias falsas do Brasil. Não, não, não! Ele prefere entrevistar os três fedelhos do inexpressivo Esquadrão Curioso... É por essas e outras que vejo cada vez menos televisão.

Engodo não estava vendo nada, apesar de estar ali na sala. Ele não tirava os olhos do relógio. O saquinho de chá estava imerso na xícara de água quente e Fake Nilson tinha chiliques se ele o tirasse antes ou depois de três minutos cravados.

– Meninos bobos, mas estão dando o maior baile no senhor até agora... – Engodo se arrependeu da frase assim que acabou de pronunciá-la.

– Baile, é? Pois a fama deles irá durar bem menos do que 15 minutos. Deixa só o meu grande plano ser colocado em prática. Aguarde o lançamento da mi-

O FUTURO É
FEMININO
PROGRAMA DO
SERGINHO

nha nova rede social e depois me diga quem irá rir por último.

– Seu chá está pronto, senhor. Um autêntico *earl grey* britânico – Engodo entregou a xícara de porcelana ao patrão.

– Os jovens são muito volúveis e já se cansaram das outras redes sociais. Querem sempre algo novo... Por isso, eles se inscreverão massivamente na minha nova rede social. O que eles não sabem é que só notícias falsas circularão por lá... – Fake Nilson estava tão excitado com a própria invenção que não conteve uma gargalhada de satisfação. – Amanhã nós lançaremos a... armadilha final.

* * *

Isa entrou em casa exultante. Veio dançando dentro do carro. Parecia estar andando nas nuvens. Participar como entrevistada do programa de Serginho Carlos tinha sido um sonho. E, pelo monitor, ela percebeu que o câmera a enquadrou várias vezes ao lado de Pudim. Ela tinha escolhido a sua camiseta mais bacana: “O futuro é feminino”. As amigas escreveram nos comentários de suas publicações que ela tinha arrasado.

A mãe de Isa também não sentia uma alegria assim há anos. Entrou no quarto da filha para lhe desejar boa noite e para lhe entregar um envelope que estava embaixo da porta da cozinha.

– O que é isso, mãe?

– Não faço a menor ideia filha! É só você abrir e descobriremos.

Isa abriu sem muita dificuldade.

– É um convite para, está escrito aqui, o maior evento de tecnologia do ano. Lançamento de uma nova rede social jovem... Podemos ir, mãe?

– Outro evento à noite? Não sei, não. Assim você não vai aguentar o ritmo da escola no dia seguinte...

– Deixa vai, mãe. Aqui está escrito que haverá a participação de vários youtubers. Morro de vontade de conhecer alguns deles. Imagina se o Yarleysson estiver lá!!! E se alguém do canal Quarto de Despejo aparecer...

– Tá bom, Isa, você já me convenceu. Mas amanhã quero ver você pular da cama ao meu primeiro chamado.

– Sim, minha capitã! – e bateu continência, arrancando um sorriso gostoso da mãe.

LÁGRIMAS POR LOROTA

Naquela noite – tarde da noite, aliás –, o delegado Gilmar Lopes acabou de ler o relatório que o investigador Tadeu havia escrito sobre o atentado ao quartel-general do Esquadrão Curioso.

– Temos que sair à caça desse Fake Nilson... Não podemos prendê-lo por causa das notícias falsas, mas sim pelo atentado, entende?

– Por que não podemos prendê-lo pela divulgação de notícias falsas? – estranhou o investiador.

– Ele pode alegar que os textos são de humor, que as pessoas sabiam que era brincadeira... – explicou o delegado.

– Humor? Essa é boa. O que o criador de notícias falsas quer é convencer as pessoas a republicar o que ele escreveu automaticamente, sem checar a veracidade dos fatos. Por isso, as notícias têm sempre aquele ar meio sensacionalista ou meio emotivo.

– Eu sei, Tadeu – assinou embaixo o delegado Gilmar. – Acontece que, com um grande volume de compartilhamentos, curtidas e comentários, o texto ganha credibilidade. Há quem crie perfis falsos e até use robôs para impulsionar essas mentiras. Já percebeu como os sites de *fake news* imitam os sites de notícias reais?

– Só sei que eu quero colocar logo as mãos nesse Fake Nilson. Por onde começamos, doutor Gilmar?

– Precisamos fazer um retrato falado dele. Temos que conversar com os garotos.

* * *

Todas as janelas estavam fechadas. As cortinas empoeiradas davam um ar taciturno à sala de estar do esconderijo de Fake Nilson. Havia na parede o retrato gigantesco de uma grande gata branca, bem peluda, com o detalhe de uma coroa de princesa na cabeça. Engodo sabia o que se passava pela cabeça do patrão toda vez que ele ficava admirando o quadro. Tanto que já tratava de providenciar a caixa de lenços de papel.

– Sinto tanta saudade de você, Lorota! – e as lágrimas começaram a escorrer pelo rosto do patrão.

– Nem me fale... Lorota foi uma gata tão meiga, tão carinhosa, tão...

Engodo não achava nada daquilo. Era pura encenação. Vivia implicando com a gata. O que ele gostaria de dizer mesmo é que Lorota foi um entojo, uma gata metida a besta. Ficava se lambendo o dia inteiro, sentada numa almofada vermelha e esperando a hora das refeições que ele era obrigado a servir. Vestia um babador na gata e brincava de "aviãozinho" a cada colherada. Não foram poucas as vezes que ficou com vontade de jogá-la dentro da privada. Mas agora não era o momento de contrariar a emoção do patrão.

– Pobrezinha... Não merecia ter uma morte tão trágica... Engasgar com uma espinha de sardinha...

"Pelo menos descobrimos que aquela história de gato ter sete vidas não passa de lenda", pensou Engodo.

– Sabe, Engodo, tive a ideia de prestar uma homenagem à Lorota. Uma homenagem que nenhuma outra gata do mundo já teve.

– Não consigo imaginar o que seja, senhor.

– Está chegando o dia de colocarmos o plano final em ação e preparei uma grande festa para homenagear Lorota.

FRIDA KAHLO E UNICÓRNIOS

No recreio do dia seguinte, Débora estava no meio de um bolo de crianças que trocavam figurinhas. Todos estavam enlouquecidos com a possibilidade de tirar a "figurinha dourada", que daria ao felizardo o prêmio para assistir à final da Copa do Mundo com dois acompanhantes. Isa se aproximou e perguntou à Débora se elas poderiam conversar um pouco longe dali. Escolheram a biblioteca. Débora pensou que seria algo relacionado ao provão, que aconteceria dali a uma semana.

– Não, Débora, é outra coisa! – respondeu Isa, e começou a contar a história do Esquadrão Curioso.

– Ei, Isabela, não precisa me contar nada disso! – exclamou Débora. – Todo mundo aqui no Pedro Álvares Cabral já sabe. Vocês são os alunos mais famosos da escola. Mais até que o time de futebol da nossa classe. Vocês quase foram para os ares, né?

– Dá para dizer que escapamos por um triz... – Isa estava (sejamos francos!) se sentindo muito importante.

– O mais perto que cheguei de um vilão foi no dia em que o cinema estava lotado e só consegui ingresso na primeira fileira... – suspirou Débora.

– Mas eu te procurei porque queremos que você faça parte do Esquadrão Curioso...

– Eu? Ah, você está zoando com a minha cara? – Débora ficou brava.

– Não, não estou. Você tem medo?

– Medo? – Débora abriu um sorriso e abraçou a amiga com força. – Eu estava sonhando com esse convite! As pessoas só me chamam para estudar em grupo, para fazer trabalho, para copiar a lição... Nunca alguém tinha me convidado para uma aventura... Claro que topo!

– Que maravilha ter você no time! – Isa retribuiu o abraço.

– No Esquadrão Curioso, a gente precisa ter uma identidade secreta? Sempre sonhei em ser chamada de Super Tigresa...

Isabela riu e fez um "não" com a cabeça.

– Não precisa! Nada de identidade secreta. Tem mais: hoje à noite você já pode, se quiser, ir com a gente na festa de lançamento de uma nova rede social.

– Devo ir de máscara e capa? Tenho também collant, luvas, botas...

– Não, não... – interrompeu Isa. – Vou com uma

GRL
PWR

saia jeans, a minha camiseta "Lugar de mulher é onde ela quiser" e um tênis branco. Se é para vestir alguma coisa especial, sou muito aquela blusa que você tem com o rosto da Frida Kahlo. Deve ser uma festa bem descolada.

– Entendi... – disse Débora. – Também adoro aquela blusa. Deixa comigo. Por favor, me passe o endereço e encontrarei vocês lá.

O sinal do final do recreio soou e as duas foram conversando animadamente de volta à sala de aula.

* * *

Era no final de tarde que a redação do *Diário de Notícias* começava a entrar em ebulição. Os repórteres chegavam da rua com as últimas informações. Tinham que escrever rapidamente, checar os dados e ainda brigar por um espaço melhor e maior na *home* do jornal e na edição impressa do dia seguinte. Logo que entrou, a repórter Cássia Helena foi chamada na sala da chefe de reportagem:

– A história dos meninos está rendendo muitos cliques no nosso site – comemorou Maiara. – Temos que ter mais alguma coisa sobre eles na edição impressa de amanhã.

– Conversei com a mãe da menina e ela me disse que os três foram convidados para a festa de lançamento de uma nova rede social hoje à noite. Será na casa de shows Olympicus. Vamos até lá? – quis saber a repórter.

– Com certeza... – concordou Maiara. – Se os garotos estarão lá, acho importante cobrirmos o evento. A polícia já tem alguma pista do paradeiro do tal Fake Nelson?

– Fake Nilson, com "i" – corrigiu Cássia Helena.

– Fake Nelson é o *fake* do Fake Nilson – Maiara riu de sua própria piada, mesmo não achando tanta graça dela assim.

– O delegado não me atendeu... Mas uma fonte ligada à Polícia Civil me disse que deveríamos ficar de prontidão, pois poderemos ter novidades esta noite.

* * *

Engodo bateu na porta e não ouviu qualquer resposta. Repetiu as três batidinhas e nada novamente. Mesmo assim, resolveu entrar no escritório com a xícara antes que o chá esfriasse. O chefe estava concentrado diante da tela do computador.

– Já são cinco horas! – anunciou Engodo. – Não está na hora de se arrumar para o evento?

– Tem razão... tem razão – concordou Fake Nilson. – Estava conferindo os últimos preparativos e não notei o tempo passar. Hoje será um dia histórico e eu estava fazendo uma retrospectiva de tudo o que aconteceu na minha vida para chegar até aqui.

– O senhor já sabe qual será a grande notícia falsa de lançamento da rede social? – perguntou o assistente.

– Estou guardando o maior segredo disso, Engodo, mas em você eu confio. Sei que posso contar porque a sua boca é um túmulo. Pensei em uma notícia realmente espetacular.

– Espero que não seja nenhuma notícia sobre unicórnios, pois isso já não pega mais ninguém...

– Mas, da última vez em que fiz uma sobre unicórnios, você compartilhou... – lembrou Fake Nilson.

– Foi para dar uma força de tão fraquinha que a notícia era... – desconversou Engodo.

Fake Nilson achou graça. E contou para Engodo qual foi a maquinação perversa que ele tinha bolado para ser apresentada dali a poucas horas.

HORA DE COMPARTILHAR

Leo fazia de tudo para apressar o pai. Naquele horário de rush, ele sabia que iriam demorar pelo menos meia hora para chegar na Olympicus:

– Vamos, pai! Não gosto de me atrasar...

– Calma, filho, calma! Estou terminando de lavar a louça.

– Deixa isso aí. Depois a mamãe lava...

– De jeito nenhum – ralhou o pai. – Ela vai chegar cansada do trabalho. Em vez de ficar parado aí, coloca um bilhete na geladeira dizendo que deixei o jantar dela dentro do micro-ondas, por favor.

– Isso tudo é função da mamãe, não sua.

– Leonardo, você está muito enganado – o pai ergueu a voz, bastante irritado. – Eu e a sua mãe dividimos todas as tarefas de casa, caso não tenha percebido ainda. Ela trabalha fora tanto quanto eu. Aliás, seria bastante importante se você também começasse a colaborar. Já ajudaria muito se você não deixasse seus tênis jogados na sala, por exemplo. Você já tem 11 anos, não é mais uma criança.

– Depois eu ouço o sermão – interrompeu o garoto. – Agora eu queria ir para o evento. Estou muito atrasado.

– Nós atrasamos porque eu estava numa ligação, tratando de um assunto do seu interesse.

– Do meu interesse? – surpreendeu-se Leo. – Como assim?

– Acabei de falar com o editor da Urso Polar e eles querem propor que vocês escrevam um livro para crianças sobre como desvendar os mistérios das *fake news*.

– Escrever um livro? Como assim, pai? Não sou bom aluno em redação. Só se a Isa escrever...

– Eles vão colocar um *ghost-writer* para ajudá-los – explicou o pai.

– O que é um *ghost-writer*? – Leo não tinha a menor ideia.

– É só traduzir. *Ghost-writer,* ou escritor fantasma, é alguém que faz o trabalho para o autor, mas seu nome não aparece na obra.

– Isso parece ser interessante – Leo gostou do que estava ouvindo. – Esse escritor fantasma bem que poderia me ajudar também nas redações da escola, né?

– Não creio nisso, filho. Ele vai escrever o livro. A editora quer lançar a obra logo. Falaram até que já tiveram uma ideia de título: *Esquadrão curioso* –

Caçadores de fake news. O que acha?

– Que título mais bobo, sem graça, pai! – Leo detestou. – Tem que ser algo mais jovem ou não vai vender nada. Nós não falamos “caçadores”... Isso é ultrapassado. Tem que ser “destruidores” ou “demolidores”. A gente também não usa “*fake news*” ou “notícias falsas”. Teria que ser “notícias bizarras”, “notícias estúpidas” ou “notícias difíceis de engolir”.

– Anotarei as suas sugestões e passarei para eles. Tem a Bienal do Livro em agosto e a editora pensou numa tarde de autógrafos por lá.

– É isso aí, paizão! Você terá que falar com os pais da Isa e do Pudim.

– Eu sei, Leo. A editora quer fazer uma reunião com nós três na próxima semana para discutir o contrato.

– Vou ficar rico? – brincou o garoto.

– Espero que sim – o pai de Leo riu também. – Aí você me paga tudo o que deve... Só de figurinhas da Copa você estourou o orçamento da casa!

– Eu? – devolveu o menino. – Acho que você está muito mais alucinado com essas figurinhas do que eu.

– Mas já imaginou se tirássemos a figurinha dourada? – perguntou o pai. – Eu, você e sua mãe iríamos ver a Copa do Mundo.

– Da hora! Ah, sabia que agora teremos uma nova integrante? Seremos o Quarteto Curiosástico! A Débora acabou de entrar para o Esquadrão Curioso. Seria bom falar com os pais dela também.

A GRANDE ARMADILHA

Pudim roía as unhas na frente da Olympicus, uma suntuosa casa de shows com capacidade para 3 mil pessoas. O movimento de carros à porta era imenso. Manobristas não davam conta do fluxo. O garoto parecia que ia gastar a calçada de tanto caminhar de um lado para o outro. Estava impaciente com o atraso da nova integrante do grupo:

– Cadê a Débora, hein?

– Combinei com ela às sete horas aqui – explicou Isa.

– Já são quase sete e meia e nada dela – Pudim tirou o celular do bolso para conferir a hora. – A festa já começou e estamos perdendo tempo aqui fora.

– Se tivéssemos chamado o Fred, isso não estaria acontecendo – falou Leo. – Mulher demora um tempão para se arrumar e atrasa tudo.

– Guarde esse comentário machista para você – Isa ficou fula da vida. – Deve ter acontecido alguma coisa. Só isso. Melhor entrarmos antes que a coisa esquente aqui fora. Vou ficar com a pulseirinha de entrada da

Débora. Quando ela aparecer, eu saio e entrego.

– A Nota 10 deve ter se lembrado que não estudou para alguma prova do próximo semestre... – alfinetou Leo. – Ela jamais perdoaria ser chamada de Débora Nota 9,5.

– Você não tem amor aos seus dentes, é? – Isa fez cara de poucos amigos e entrou na frente dos dois.

* * *

O salão estava cheio de gente jovem. Eram blogueiros, youtubers, influenciadores digitais, artistas e celebridades. Para qualquer lado que olhassem, Isa, Leo e Pudim identificavam algum rosto conhecido. Logo perceberam que também estavam chamando a atenção. Todos estavam portando um crachá com nome do site, do blog ou do canal para facilitar a identificação.

Para ganhar a pulseira de acesso ao evento, os convidados foram obrigados a se cadastrar na nova rede social, mesmo sem conhecê-la ainda. A apresentação seria feita dali a pouco. Havia também garçons e garçonetes andando pelo salão, carregados de comidas e bebidas em abundância. Pudim atacou uma bandeja de empadinhas. O curioso é que a equipe que estava servindo usava chapéus que imitavam cabeças de felinos. Havia leões, onças, gatos e muitos outros. Era como se estivessem andando pelo reino da gataria – esta era a homenagem para Lorota.

Depois de meia hora, as luzes do salão se apagaram e os holofotes foram direcionados todos para o palco. A fumaça de gelo seco formou uma espécie de corredor por onde entrou um jovem com roupas bem informais.

– Sejam bem-vindos ao futuro! – começou ele. – Vocês estão prestes a entrar na rede social do século XXII. Uma rede social feita por jovens só para jovens. Vocês vão conhecer agora...

A música subiu para aumentar o suspense.

– ... o FakeBook!

Imediatamente um vídeo começou a passar no telão que havia no palco. Num ritmo alucinante, o vídeo mostrava jovens do mundo inteiro conectados pela nova rede. O narrador dizia que todo o sistema foi planejado para que adultos não pudessem mais bisbilhotar o que os jovens estavam fazendo e compartilhando. Era mesmo de encher os olhos. Os convidados ficaram boquiabertos com a apresentação. Quando o vídeo terminou, a plateia bateu palmas com entusiasmo. Parecia que todos tinham sido hipnotizados ao mesmo tempo. A luz voltou para o apresentador, que chamou ao palco o criador da nova rede.

– Recebam com muito carinho... Maaaaaaark Nilson!

O criador da rede social foi ovacionado ao entrar no palco. Estava vestindo calça jeans, camiseta branca e blazer azul-marinho. Agradeceu a presença de todos e os convidou a participarem de um momento histórico.

– Vocês poderão compartilhar, todos ao mesmo tempo, a primeira notícia de nossa rede social. Vou publicar uma notícia e aí todos apertaremos juntos o botão "compartilhar". Ao lado de vocês, os maiores influenciadores do país, atingiremos em poucos segundos a marca de 10 milhões de pessoas.

Celulares ficaram a postos.

– Vejam a notícia que escolhi! Acabou de acontecer... É quentinha!

Novamente o telão do fundo se acendeu e surgiu a notícia: "Óvnis despejam uma baleia de 12 toneladas no centro de uma cidade americana". A fotografia que acompanhava o texto era realmente assustadora. Um grande "óóóó" ecoou pelo salão.

– Todos prontos? Vamos fazer isso juntos. Atenção para a contagem regressiva que irá aparecer no telão. No zero, quero que todos apertem o "compartilhar", combinado? Dez, nove, oito, sete, seis, cinco, quatro, três...

Nesse instante, do alto do palco, uma garçonete com chapéu de tigre desceu por uma corda e se jogou bem em cima de Mark Nilson. O criador da rede social se espatifou no chão. Um outro "óóóó" foi ouvido, agora mais forte. Exclamações de espanto tomaram conta da plateia. A destemida garota se levantou com agilidade, apanhou o microfone e disse:

– Não apertem nada! Não compartilhem! Isso é uma armadilha! Esse homem é... Fake Nilson!

Ela tirou o chapéu de tigre da cabeça e Isa tomou o maior susto:

– É a Débora, gente, é a Débora! O que ela está fazendo ali?

– Essa menina deve ter algum fio desencapado! – Pudim bateu com a palma da mão direita na testa.

Fake Nilson ficou desconcertado com a revelação de seu plano. Chamou seus seguranças:

– Tirem essa "caixa de Sucrilhos" do palco imediatamente! – disse em estado de cólera. – Acabem com ela antes que eu diga "um tigre, dois tigres, três *trigues*... três...". Ah, vocês entenderam! Quero continuar o evento! Paguei uma fortuna para esses youtubers famosos estarem aqui na minha festa, ora...

Uma Débora petrificada foi cercada por quatro brutamontes. Oito mãos enormes vieram em sua direção. Até que, como num passe de mágica, ela ouviu a voz da salvação vinda das coxias do palco.

– Ninguém encosta na menina! – ordenou o delegado Gilmar, que entrou em cena com dez policiais.

– Boa noite, senhor policial – o anfitrião da festa não esperava ver os homens da lei no palco e teve um descontrolado acesso de tosse. – Meu nome é Mark Nilson, sou empresário e essa meninota invadiu meu evento, me agrediu e está dizendo que eu não sou eu.

– Sei tudo da sua vida! – Débora estava agora com o dedo apontado para o nariz dele. – Pesquisei cada detalhe da sua biografia.

A festa virou um pandemônio. Nesse momento, Isa, Leo e Pudim conseguiram se juntar à Débora no palco. A repórter do *Diário de Notícias*, que estava na cola do trio, também os acompanhou.

– Miga, me conta como você entrou na festa sem convite? – perguntou uma ainda incrédula Isa.

– Fiquei tão feliz com o convite de vocês que resolvi pesquisar outros sites que também desvendavam as mentiras na internet – Débora narrava tudo com detalhes, como costumava fazer nas provas dissertativas. – Depois de meia hora de pesquisa, encontrei um dos primeiros sites a fazer esse tipo de trabalho. Ele não publica mais nada há uns cinco anos. E a última notícia foi sobre a tal baleia de 12 toneladas...

DE MULHER
ONDE ELA QUISER

– Então, essa notícia é velha? – percebeu Leo.

– Muito velha! – concordou Débora. – Aquilo ficou na minha cabeça.

Pudim comentou baixinho: "Nenhuma informação permanece na minha cabeça... Todas passam feito um raio...". E ouviu um "psiuuu".

Débora continuou contando. Fazia algumas paradas na narrativa para criar uma certa expectativa. Não esquecia nenhum detalhe. Era como se estivesse no final de um livro de mistério revelando o desfecho de toda a trama:

– Cheguei um pouco cedo e fiquei esperando vocês na esquina. Aí presenciei o momento em que os homens do Fake Nilson entraram. Foi aí que ouvi aquele baixinho ali (e apontou para Engodo) falando para os seguranças sobre o plano da "baleia de 12 toneladas".

– Você fez isso, Engodo, seu fofoqueiro? – ergueu as sobrancelhas o vilão.

– Era a mesma história – prosseguiu Débora. – Eu juntei os dois pontos e senti que algo estranho iria acontecer. Tipo sexto sentido, sabe? Por isso, resolvi segui-los para descobrir o plano. Nem deu tempo de avisar vocês, me desculpem.

– Mas você não tinha a pulseira de acesso – comentou Leo. – Ela está com a Isa. Como conseguiu entrar?

– Sei que a Isa disse que no Esquadrão Curioso eu não precisaria usar um disfarce – começou a explicar. – Mesmo assim, pelo sim, pelo não, eu coloquei minha roupa de Super Tigresa na mochila. Aí eu vi esse monte de gente entrando com cabeça de gato, de leão, de jaguatirica... Eu vesti a minha máscara e entrei também. Foi bem fácil.

– E quem é esse cara, afinal? – Leo estava ansioso pelas descobertas de Débora.

– O nome dele é Marcos Nilson. Ele tinha um site chamado Fake No More, que ficava desmascarando notícias falsas, igual ao que vocês fazem agora no Esquadrão Curioso.

– Achei que tivesse apagado todas as referências desse meu passado – Fake Nilson estava vermelho de raiva.

– A internet sempre acaba deixando rastros... – Débora continuou. – Aliás, o site que ele criou era um dos mais respeitados da área.

– Era O mais respeitado... – ele fez questão de corrigir.

– Então por que você mudou de lado? – Pudim não estava entendendo.

– É uma história longa... – disse o vilão.

Os policiais da equipe do delegado Gilmar estavam com dificuldade para conter todos os youtubers. Eles queriam invadir o palco para fazer uma transmissão ao vivo ou tirar fotos. Tiveram até que pedir reforço.

– Gostaria muito de conhecer essa "história longa" – o delegado praticamente o intimou a contar.

– Vou tentar resumir! – concordou ele. – Meu trabalho era muito elogiado. Posso dizer que fui o pioneiro nesse negócio de detetive virtual. Virei rapidamente referência. Todo esse sucesso que vocês fizeram agora eu também fiz. Até o dia em que fui enganado por uma notícia falsa.

– Que notícia? – interrompeu Pudim.

– É uma *fake new* famosa sobre os cientistas que descobriram uma barata voadora venenosa.

– Caraca! – assustou-se Leo. – Como você foi cair numa história tão ridícula assim?

– Era uma semana com muitos compromissos, entrevistas... Não tive tempo de checar direito. O texto parecia muito convincente e foi publicado num site que imitava direitinho o padrão dos grandes veículos de comunicação. Deu no que deu. Do dia para a noite, comecei a ser atacado por *haters*.

– Só por causa de um erro depois de tantos acertos? – Isabela perguntou quase que afirmando.

– Começaram a publicar comentários agressivos no meu site – lembrou Fake Nilson, ou melhor, Marcos Wilson. – Alguns faziam chacota, escreviam palavrões. Os *haters* têm um alto poder de destruição. Protegidos pela internet, eles escrevem coisas que jamais teriam coragem de dizer pessoalmente a você.

– Nem me fale – concordou Pudim. – Com esse meu apelido, já fui vítima de muitos comentários maldosos. Sei o que é isso.

– E esses comentários não paravam. Minha credibilidade foi por água abaixo. Os internautas e os jornalistas viraram as costas para mim e foram falar bem de outros sites bem piores que o meu. De repente, virei apenas mais um na multidão.

– Peraí, seu Fake, mas essa notícia da barata voadora saiu há menos de um mês... – estranhou Pudim. – Lembro que vi num site mexicano: *"La cucaracha venenosa"*.

– Eu não deveria ficar dando dicas... – falou em tom professoral. – Mas vocês deveriam saber que as notícias falsas são publicadas sem data. Assim, a qualquer momento em que forem lidas, elas parecerão novas e serão compartilhadas pelos incautos. Pode parecer nova, mas ela já circula há anos.

– Aí você resolveu se vingar dos *haters* em cima de nós, é isso, produção? – bronqueou Isa.

– Exatamente! Coloquei na mente que iria acabar com todos os sites que desvendavam notícias falsas. Tinha que começar por algum lugar.

A repórter do *Diário de Notícias,* que estava gravando tudo com seu telefone celular, aproveitou para fazer perguntas:

– O que é mais difícil: criar notícias falsas ou desvendá-las?

– As duas coisas dão o mesmo trabalho. Poderia continuar usando a minha mente para o bem, mas não. Eu sabia exatamente como funcionava a mente de um criador de *fake news* e, desse modo, foi fácil também me tornar um. Às vezes, basta um título bom e as pessoas saem compartilhando, mesmo sem ter lido a reportagem, sabia?

– Só um título impactante basta? – continuou perguntando a jornalista.

– Um texto bem-escrito, cheio de referências falsas, também engana todo mundo. Melhor ainda se você cria um site com nome e visual parecido com um grande site que já existe... aí todos caem!

O impressionante é que aquela confusão estava sendo transmitida por todos os canais dos influenciadores que participavam do evento. Eles se acotovelavam em frente ao palco para conseguir as melhores imagens.

– Até que apareceram esses enxeridos do Esquadrão Curioso e estragaram tudo – aborreceu-se o vilão.

– O senhor terá que nos dar uma série de explicações – avisou o delegado. – Terei que levá-lo até a delegacia para pegar formalmente o seu depoimento.

– Ah, não... – Fake Nilson entrou em pânico. – Serei preso? Irei para o tribunal? Terei que responder aquela pergunta do juiz: "Jura dizer a verdade, somente a verdade, nada mais que a verdade"?

* * *

Naquela noite, a redação do *Diário de Notícias* trabalhou como nunca para conseguir publicar toda a história da detenção de Fake Nilson e da coragem da pequena Débora.

– Sua reportagem ficou excelente, Cássia! – elogiou Maiara, depois de terminar de ler o texto. – Vamos dar uma grande chamada na primeira página outra vez. Temos foto da prisão do Fake Nilson?

– Temos tudo documentado. Fiz até alguns vídeos para publicarmos nas redes sociais do jornal.

– Você sabe dizer quanto o crápula gastou naquele evento tão luxuoso? – Maiara estava com essa curiosidade.

– Pelo que apurei, ele gastou bem mais que 10 milhões de reais.

– Dez milhões?!? – a chefe de reportagem arregalou os olhos. – Publicar notícias falsas dá tanto dinheiro assim?

– Infelizmente, sim – respondeu Cássia Helena. – Esses sites lucram com a venda de anúncios. Quanto maior a audiência da página, mais eles ganharão com publicidade. Por isso é que os títulos das reportagens são sempre impactantes e sensacionalistas. Também apostam em temas do momento. Isso rende muita desinformação e muito dinheiro.

– Belo trabalho, Cássia – Maiara elogiou toda a apuração da repórter. – Vou destacar esse trecho aqui na primeira página: "O que faz a indústria da notícia falsa não parar de crescer? Ignorância, ódio, falta de caráter... O sensacionalismo gera reações emocionais. O que sabemos é como combatê-la: ler as histórias completas, verificar a data e o autor (ele tem outras reportagens publicadas?), verificar a existência dos especialistas e das instituições citadas. Se parecer muito absurdo, é bem provável que seja mesmo". Vamos nessa?

PIZZA PARA COMEMORAR

Depois de uma noite tão agitada, Isa, Leo e Pudim se deram o direito de faltar na primeira aula no dia seguinte. Débora foi a única que chegou no horário. Os três dormiram um pouco mais tarde porque ficaram vendo as inúmeras reportagens sobre a prisão de Fake Nilson. Naquela noite, o número de inscritos em suas redes sociais disparou outra vez.

Terminadas as aulas, os três levaram Débora para conhecer o quartel-general improvisado do Esquadrão Curioso. A porta da sala estava forrada de cartazes de comemoração pintados por alunos e muito papel picado. Por baixo do uniforme, Débora mostrou que estava com uma camiseta azul com as palavras "*Girl Power*" em branco.

– Estou gostando de ver – disse Pudim. – Camiseta com frase em inglês me representa. "Poder feminino". Pegou emprestada da Isa?

– Não – respondeu ela. – Era da minha mãe, só que ela nunca teve coragem de usar, acredita? Ela me deu ontem à noite e disse que esta camiseta estaria a partir de agora em boas mãos.

Vários professores passaram pela sala para abraçar os heroicos alunos. Franco era o mais entusiasmado de todos. Elogiou a escolha de Débora para fazer parte do time. Débora disse que queria começar as novas investigações o quanto antes.

– Obrigado por absolutamente tudo, Dé! – agradeceu Isa.

– Não precisa agradecer. Quero é trabalhar mais! Sempre sonhei com essa vida *loka*. Tem muita notícia falsa circulando ainda por aí – Débora esfregou as mãos. – Existem outras centenas de Fake Nilsons espalhados pelo mundo. Se a gente não começar logo, não vamos dar conta.

– Por falar em "conta", você já fez a lição de matemática, Débora? – perguntou Pudim.

– Já fiz... Fiz entre uma aula e outra.

– Será que posso conferir as respostas? – perguntou o garoto na maior cara de pau.

– Deixa eu ver o que você colocou no caderno? – pediu Débora.

– Não passei as respostas para o caderno. Os resultados ainda estão na minha cabeça.

– Sei, sei – Débora riu. – O que você acha, Isa?

– O nariz de alguém está crescendo! – Isa devolveu.

– Tá bom, tá bom! – bufou Pudim. – Em vez de

ficar procurando notícias falsas, eu vou fazer a lição de matemática. Satisfeitas, as duas? Depois não reclamem que eu não ajudei. Só sei que, sem mim, vocês nunca conseguirão acabar com elas.

– Calma, Pudim, nós sabemos que as notícias falsas correm rápido demais – disse Débora. – E estão cada vez mais sofisticadas.

– Parece que é algo que não tem fim... – lamentou Leo.

– Mas nós chegaremos lá – disse uma confiante Débora.

Pudim lembrou de dar um recado de seus pais aos três: eles estavam convidados para festejar o feito em sua casa naquela noite:

– Meus pais vão comprar pizza – avisou.

– Não é daquela pizzaria *fake*, né? – riu Leo.

– Não – Pudim gostou da piada. – É da Pizzaria Pepperoni, a melhor do bairro!

* * *

Às sete da noite, Pudim, de banho tomado, perfumado e de roupa nova, abriu a porta da garagem para a entrada dos três amigos, que chegaram juntos de carona com o pai de Leo. Ao colocar a cabeça para fora, Pudim aproveitou para espiar o céu:

– Vocês viram que hoje é noite de lua cheia? Lembro direitinho dos nomes das fases da lua em inglês. Lua nova é *new moon*. Quarto crescente, *first quarter*. Quarto minguante, *last quarter*. Hummm... caramba! Como é que é mesmo lua cheia em inglês? Esqueci...

– *Full moon* é o mais comum, só que você pode usar também *harvest moon* – ajudou Débora.

– Nota 10! – brincou Isa. – Sabe tudo essa menina.

– Então, essa aqui é a famosíssima garagem do Esquadrão Curioso? – arregalou os olhos Débora.

– Exatamente! – balançou a cabeça Pudim. – Olha só o estrago que o cara fez... Vai demorar pra gente arrumar isso. O cheiro de queimado ainda está forte.

– Ainda bem que o cheiro de queimado não é das pizzas – brincou Leo.

– Quem falou em pizzas, hein?!? Vamos, gente, que as pizzas estão quentinhas! – disse a mãe de Pudim, surgindo na garagem para receber os convidados. – Entrem todos. Vou chamar a Manu também. Como estuda essa menina...

– Oba, vamos sim! – vibrou Leo. – E eu gostaria de me oferecer para ajudar a lavar os pratos depois.

– Quanta gentileza, muito obrigada! – agradeceu a mãe, já entrando na casa. – Ah, fiz também uma sobremesa...

Todos se entreolharam, segurando o riso. Meme correu para se esconder atrás de uma estante.

– Quem quer apostar que é pudim? – Isa olhou para Pudim.

– E ela sabe fazer outra coisa? – concordou ele, dando de ombros e abrindo um sorriso enorme.

Esta era a mais pura verdade.

EPÍLOGO
SEIS MESES DEPOIS

• O Esquadrão Curioso cresceu. Atingiu a marca de 5 milhões de seguidores nas redes sociais e esse número não para de crescer. O trabalho aumentou tanto que Leo conseguiu finalmente convencer Isabela a chamar Fred para fazer parte do grupo.

• Um programa de TV procurou os pais de Pudim e ofereceu a reforma da garagem do Esquadrão Curioso. Eles ganharam computadores, móveis novos e até um capacho escrito "*Fake news* não são bem-vindas".

• Em tempo recorde, eles lançaram um livro para crianças, com dicas de como desvendar notícias falsas na internet. A editora aceitou a sugestão de Leo: o livro foi batizado de *Esquadrão curioso – Demolidores de notícias bizarras*.

• O sucesso do Esquadrão Curioso motivou várias escolas a criar seus próprios grupos de "caçadores de notícias falsas" em sala de aula. Professores estão treinando os alunos, que têm a missão também de alertar pais, amigos e parentes.

• Fake Nilson pagou fiança e foi liberado para aguardar o julgamento em liberdade. O juiz proibiu que ele publicasse qualquer coisa na internet. Ele desobedeceu a ordem semanas depois e foi condenado a prestar três meses de trabalho comunitário. Passou a cumprir a pena três vezes por semana no canil da prefeitura.

• Com a popularidade em alta, Isabela foi eleita por unanimidade a "Embaixadora das Garotas" na escola.

• Manu desistiu de prestar vestibular por enquanto. Convenceu os pais a deixá-la fazer um curso de inglês de seis meses na Nova Zelândia. Pudim ficou um pouco enciumado que a irmã irá saber mais inglês do que ele.

• Envolvida com o trabalho do Esquadrão Curioso, Débora tirou nota 9,5 numa prova de história. Há quem diga que ela errou de propósito uma das questões.

• A família de Pudim ganhou uma cadelinha para morar com Meme. Ela recebeu o nome de Selfie.

• Engodo perdeu seu emprego na casa de Fake Nilson. Abandonou o apelido que detestava e voltou a usar seu verdadeiro nome, Genuíno. Graças a seu currículo, arrumou um emprego como assessor político.

• O professor Franco foi promovido a diretor da escola. Em seu discurso de posse, ele prometeu que transformaria a Pedro Álvares Cabral numa escola-referência no combate às *fake news*. Os alunos criaram um grande painel colaborativo com dicas para não cair nas armadilhas da internet. Ele foi afixado numa das paredes do pátio:

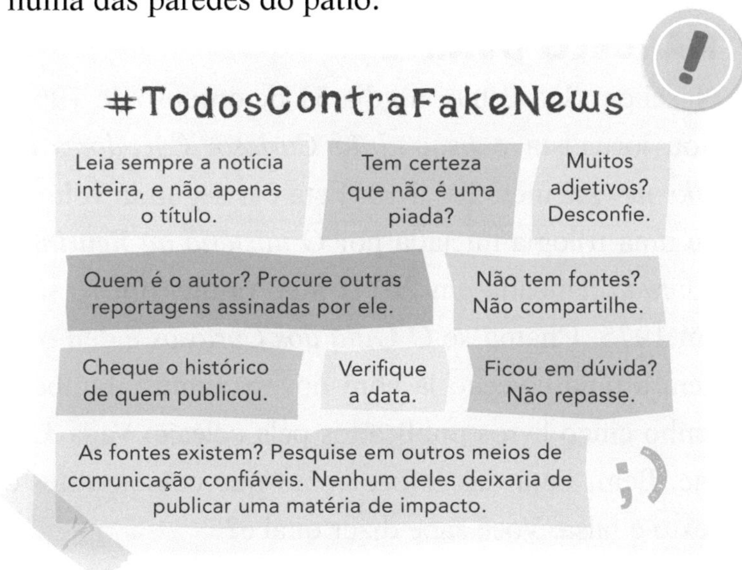

• A mãe de Pudim tentou fazer brigadeiro, mas não mexeu direito e queimou tudo no fundo da panela.

O AUTOR

MARCELO DUARTE

Nasci em São Paulo, no dia 31 de outubro de 1964. Sou jornalista e *Esquadrão Curioso: Caçadores de fake news* é meu 29º livro. Este é o segundo volume de uma trilogia iniciada por *O mistério da figurinha dourada*, lançado em 2017. Meu primeiro livro saiu em 1975. Chama-se *O Guia dos Curiosos* e deu origem a uma coleção já com nove volumes. Também tenho cinco livros publicados pela coleção Vaga-Lume. Bem, uma das informações que coloquei neste texto é falsa. Você sabe dizer qual é?

R.: O primeiro *O Guia dos Curiosos* foi lançado em 1995, e não em 1975.

NOTA

Todas as notícias falsas publicadas neste livro circularam (e o pior: continuam circulando) por sites, blogs e redes sociais. O site que nos ajudou na curadoria desse conteúdo fake foi o www.e-farsas.com. Ele é um dos sites que você deve consultar antes de compartilhar notícias suspeitas.

Quer mais ação, suspense e aventura? Outros amigos de Isabela, Débora, Leonardo e Pudim, que estudam na classe 161 do Pedro Álvares Cabral, estão às voltas com o desaparecimento de uma figurinha.

Leia também: O MISTÉRIO DA FIGURINHA DOURADA.

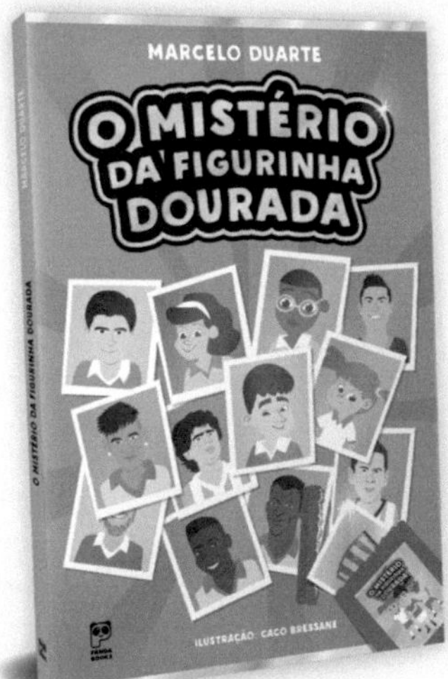